추억찾기

2016년 황금찬 김남조 선생님과 함께

1993년 서정주 시인과 함께

1994년 박두진 시인과 함께

1994년 홍윤숙 시인과 함께

1995년 구상 시인과 함께

1995년 박재삼 시인과 함께

1996년 김시철 시인과 함께

1996년 문인극 마치고 조병화 시인과 함께

1998년 김후란 시인과 함께

허영자 시인과 함께

심봉승 작가와 함께

2018년 3월 영등포문협 회장 취임식

2024년 5월 여성문학인회 문학탐방

2024년 5월 여성문학인회 문학탐방 단체사진

키오스크에 시간을 올리다

홍금자 시집

계간문예

키오스크에 시간을 올리다

■ 차례

제1부 키오스크에 시간을 올리다

낯선 색깔로 물들어 가는 때 • 15
키오스크에 시간을 올리다 • 16
모과나무 여름에서 가을까지 • 18
누구도 거역하지 못하는 • 20
지나간 것들의 시간 • 22
영등포의 신 새벽을 깨우다 • 24
무슨 연유로 • 26
치매의 만행 • 27
비틀 바람을 잡아주는 저 햇살 • 28
봄으로 가는 길 • 29
삶의 간이역 • 30
달빛 어깨 • 32
목숨의 보편성 • 34
블래드 성 • 35
한참을 • 36
기다림의 크기 • 38

제2부 푸른 계절의 손끝에서

대못 하나 • 41
이름표를 단다 • 42
시인의 말 • 43
는개 • 44
푸른 계절의 손끝에서 • 45
오래된 시간의 무늬들 • 46
그리움에게 편지 쓰다 • 48
아직도 그 빛 향해 • 49
13월의 간이역쯤에서 • 50
복권 당 • 52
덜 익은 사색의 시간 • 54
삶의 행간에 끼어 든 말 • 56
아버지의 안 • 58
영등포역 1번, 2번 출구 • 60
아버지의 몸에서 아버지가 빠져나가고 있다 • 62
곰삭히는 일 • 64

제3부 살다가 보면은

인연 • 67
함성의 노래 • 68
오늘 내가 • 70
부활절 아침에 • 71
봄꽃 한 잎 • 72
사랑아 • 73
살다가 보면은 • 74
한 입 물고 • 76
그리움의 꽃 • 77
여름 숲에서의 노래 • 78
내 안에 나를 찾아서 • 80
구월의 숲은 • 82
장미호수 • 84
시인의 길 • 86
그녀의 기억 • 87
달빛 좋은 밤 • 88

제4부 블루스크린

눈꽃 • 91
블루스크린 • 92
지금 지구는 불의 집 • 94
마지막 의식 • 96
정말 시간은 기다려 줄지도 • 98
다시 새살 돋는 새해 아침 • 100
봄꽃은 피고 • 102
출사표 • 104
푸른 빛 유월 그 강가에서 • 106
그리움의 낯빛 • 107
잃은 길 찾기 • 108
목숨의 약정서 • 110
그때의 노트 • 112
여의 샛강에는 • 113
아득한 시간에서 • 114
거기 그곳엔 • 116

발문 ― 김선주(소설가) • 121
전길자(시 인) • 124
마정임(시 인) • 125

작가연보 • 130

제1부
키오스크에 시간을 올리다

낯선 색깔로 물들어 가는 때

이대로 버티기엔
이미 늦어버린 시간
되돌릴 수 없는 계절 앞에서
하나 둘 옷을 벗어들고
공중에 달릴 수밖에
홀로코스트의 무거운 걸음처럼
스스로를 태워
어떤 색깔로든 물들어야 한다
낮이 밤으로 가는 간격이
좁아질수록 숨은 더욱 가빠진다

노랑 아니면 빨강 그도 아니면 황색
구름조차도 물들어가는 저녁 아니면 아침
한 철 산마다 들끓는 채색의 화폭
난 무슨 색으로 물들어야할까
딱히 가진 물감 잃어 그냥
흰색 위에 무채색의 하늘이 된다

키오스크에 시간을 올리다

비틀걸음으로
용케도 왔다

종이만 보면 뭔가를 쓰던 버릇
잠을 설친 수많은 밤도 있었다

종내는 여린 싹을 틔우고
줄기와 잎 그리고
꽃과 열매를 달았다
맛이야 어떠하든
매달린 채 목숨 부지하며
여기까지 왔다

생의 공식이나 계산법도 모른 채
마지막 차용증 하나 써 놓지 못하고
그냥 노을 위에 서서
그 이름 키오스크에 올리고 있다

아쉬움과 슬픔이 고인

긴 여로의 종착지 이르기 전
일생에 딱 한 번
저리 고운 진홍빛 하늘을 걷고 싶다

모과나무 여름에서 가을까지

버짐 먹은 모과나무
공원 한 모서리에 서너 그루
햇볕에 더욱 또렷해지는 얼룩들이
간혹은 표백의 무늬로
더러는 갈색과 연두를 섞은 색깔로
서 있다

한 끼를 위한 실업의 사람들이
나무 아래 지나면서도
모과를 탐하지 않는다

서로의 시선이 엇나가
한쪽은 값을 치루지 않아도 되는 도시락
한쪽은 누구의 시선도 받지 못하는
못난 얼굴의 간절함

사람과 나무
누군가 노숙의 시간이 끝나고
서로의 교집합이 생기는

노오란 가을쯤이면
서로의 심장에 사랑 하나
심어주기 좋은 계절

누구도 거역하지 못하는

절체절명의 시간
어지럼증이다

침묵의 벽
시간은
가고 있는 것이 아니다
그저 홀로
그 자리 지키고 있을 뿐이다

세상의 것들은
시간 앞에서
누구도 거역치 못하며
낡고 쇠하여 간다

나 또한 아침이었다가
점심이었다가
저녁이 된다

홀로 존재하며

늙지 않는 것은
오직 시간뿐

지나간 것들의 시간

지나간 발자국이 남은
길 위엔 슬픔만 흥건하다
젊은 날
한 땀 한 땀 짚어가던
생의 징검다리

꽃무리 속 숨어 피던
보랏빛 자운영
노을 진 길가에서
향기를 잃었다

두 손 마주잡던
순하디 순한
시간의 결별
한 번의 예행연습 없이도
넉넉했던 그 사랑

이제
인생의 종착지를 향한

긴 여정의 끄트머리쯤에서
절망의 중량만큼
흘린 눈물의 부피만큼
내 사랑은 부재중

영등포의 신 새벽을 깨우다

지금
스물여덟 살 나이 위에
깃 폭을 높이 달고
푸른 항해에 들어섰다

바람은 여전히 불고
파도 역시 넘실대지만
드디어 햇살이 퍼지고
긴 시간의 두께 속에
더 빠르게 귀 열고
더욱 크게 눈 떠
사방의 소식
뚜 뚜 뚜

지역 곳곳의 모세 혈관까지
진실의 소리 드러낸다
삼백예순날
한결같이 펜 끝으로 빚어
신 새벽을 깨우는
영등포 신문이여

여기
문화예술의 향기
더욱 눈부시게 뿜어
날로 새로워지는
영등포의 아름다운
숨결 이루게 하소서
더욱 높이 빛나게 하소서

무슨 연유로

마른 잎 그대로인 채 겨울을 건너온 나무들이
이제는 꼭 떠나야겠다고 마음먹는다
더 이상 기다릴 수 없단다
뾰족이 새순이 뿔처럼 돋기 시작했기 때문이다

생명도 없는 빈 잎, 억지 부리는 낡은 잎들
무슨 연유로 가슴에 흘러드는가
푸른 깃발처럼 색인된 그리운 시간들
못 잊어 못 잊어서인가

치매의 만행

점점 지워지는 기억들 애써 한 줌 모아
퍼즐 맞추듯 무늬를 만들어 간다
수십 년의 여름 지나고 가을을 지나온
연륜의 퇴적층
단단한 지층은 더 이상 몸을 바꾸지 않는다
햇살조차도 뚫지 못하고 겉도는
오래 길들여진 사유의 오류

돌아오지 않는 시간, 돌아오지 못할
그 강 깊숙이 안치된 암벽 그림
더 이상 해동을 기대하지 못 한다

정제되지 않은 불통의 말들
또 한 날의 초췌한 저녁이
아무렇지 않은 듯 붉은 노을에
잠겨가고 있다

비틀 바람을 잡아주는 저 햇살

지구상에 생명이 있는 것들은
어느 것 하나 빠짐없이 자연에 몸을
잇대어 살고 있다
인간 역시 자연의 일부

한 모금 간곡한 그리움이여
눈 그늘 짙어지는 계곡 같은 눈빛
시간을 셈하는 잔설 남은 봄날
하늘이 아득해
삶과 죽음 사이쯤에서 서성이고 있다

비틀 바람을 잡아주는 저 햇살

우리가 보내는 시간이
이토록 귀하고
이토록 허무해서

봄으로 가는 길

사람의 온기가 떠난 지 오랜 묵정밭에서부터
봄이 시작됐다
얼마나 아픈 몸부림이었을까 겨우내 죽을 듯 마른 대만
팔랑이며 내공을 키웠던 파뿌리
차가운 채 가시지 않은 땅에서 다시 새움으로 목을 내민다
묵은 잎들이 스스로 허물 벗으며
양육의 가치가 육신을 타고 오르는 여린 등허리
낮은 봄볕에 찜질한다
계절과 계절 사이 행간에 제 혼자 지웠다
다시 살아나는 제 파릇한 생명들
막무가내로 강아지풀, 명아주, 냉이 저마다 출렁인다
봄은 아직 이른 오후 새순의 연두를 덧입혀가며
하루가 다르게 들썩인다
퇴행성관절염으로 땅에 닿을 듯 굽은
늙은 여인이 밭이랑마다 고인 봄을 마신다

삶의 간이역

붉은 신호등은 거기 없었다
앞으로만 갈 수 있는 열차
한 번 타면 멈출 수 없다

때론 천천히 혹은 숨 가쁘게
달리기만하는 인생 열차
다시 되돌아설 수는
더더욱 없다

삶의 간이역에서
잠시 숨을 고른다
푸르렀던 이마에
노을이 비낀다

멈출 수 없는 이 길
조금씩 조금씩
손에 들었던 짐들
어느새 헐렁해졌다

남은 부스러기 짐들
여기 간이역에 뿌리며
생각한다

종착역은 얼마나 남았을까

달빛 어깨

어릴 적
머리 위에서
쏟아지던 저 달빛
지금도
그때의 그 모습으로
서 있네

늙음도 병듦도 없이
나를 비추는 그대

초등학교 6학년쯤
과외공부 마치고
돌아오던 길
그 서늘했던
두려움
환하게 비추던
그 길

달빛 맞으며

그렁한 그리움들

사라져버린 날들에게
이 쓸쓸함 전하는
달빛 어깨

목숨의 보편성

바다에 섰다
멀리로부터 흰 이랑 접었다 펴며
파도가 다가온다
물기둥 세웠다 허무는
끝내는 한 줄 수평선이고 마는

파도는 삶의 비망록
밀물이고 썰물이었다가
다시 제자리 찾는 평온이었다가
흔들리는 전율이었다가
종국엔 그 양식 나누는
목숨의 보편성

블래드 성

블래드 성의 새벽 종소리
호수 위에 퍼지고
그 소리 위 켠으로 솟아있는
고성의 웅장함
그 속엔 무수한 기도가 쌓여
층층이 하늘에 오르고 있었다

한참을

꽃의 계절이다
한참 전이라 말해야 할까
이삼 전이라 해야 할까

하늘 닮아 푸른 것들이
마구 떠나는 시간
내 피돌기마저
쓸쓸히 약해져버린다

기침소리 더욱 높아가고
투척의 기진한 주사 바늘이
맨줄을 타고 내린다

묵시의 중량만큼
생은 더 깊어져갔다

존재의 아픔
가냘프나마 남은 기운 풀어
바깥을 힐끔 보았다

아직도 한참의
어둠뿐이다

뿌리를 잘리우고 윗둥만 남은
꽃들이 시한부 목숨을 키우며
꽃을 피운다
마지막 향기를 뿜는다

기다림의 크기

기다림의 크기를
잴 틈도 없이
윤중로 벚꽃
깊은 봄 마을로
직행 중

제2부
푸른 계절의 손끝에서

대못 하나

한복판 깊디깊은 심연
대 못 하나 박고 산다
머리 없는 못
뺄 수 없는 못
대못 하나 안고 산다

이름표를 단다

그를 그의 간절함 앞에서부터 만난다
신의 옷자락이 두 손과 손 사이로
들어오는 순간 입술을 댄다

당신께 바치는
절정의 끓어오름

굳어진 뼈가 부스럭 잠을 깨고
미루었던 허기진 시간들이
한꺼번에 달려와
이름표를 단다

아, 주신 것에 감사
몸에 낙관을 새긴다

시인의 말

영혼의 갈증

한 모금

거기 시가 있었네

는개

자유로
는개 내리는 새벽 참
도무지 뵈지 않는 그대
눈을 비벼본다

흑백세상
잠시
출렁이던 시간의 적막

푸른 계절의 손끝에서

여름의 발열이 시작되기 전
사월은 비를 내린다
전초전이다

목을 세운 풀들은
저마다의 색깔로
본색을 드러내기 시작했다

봄내 키를 세우느라
애썼던 자존감
꽃으로 피워냈다

계절의 손끝에서
잘 익어가는 생명들
사월의 푸른 비는
뮤즈의 언덕에서
연주되는
완전한 자연의 합주곡

오래된 시간의 무늬들

태초 빛의 시간
'빛이 있으라' 말씀 하나로
태어난 순종의 자식이여

아득한 무늬들
헤일 수 없는 각별한
삶의 목전에서
신의 나라 그리스
아크로폴리스 박물관에서
생각에 잠긴
아테나 여신
부조상을 만났다

짧은 한 생애
생의 질과 속도의 차이
하루 스물네 개
뼈 마디마디에
남긴 흔적

내 오래된 시간 속에도
저 여신상처럼
생각에 잠겨
서 있었던 자취
남아있을까

그리움에게 편지 쓰다

색 바랜 사진첩 속
너의 자리

그윽한 눈으로
바라보던
서러운 팔월의 결

그 여름 태풍이
가져가 버린
네가 아끼던
저녁 식탁의
정겨운 불빛

빗장 걸어
열지 못한
슬픈 그리움
이 저녁
너에게 한 점
편지를 올린다

아직도 그 빛 향해

창조의 빛
그 빛 따라 걸음하기를
염원했던 시간이 있었다

빛의 유전자
세상을 향해 날고 만 싶었다

바람에 쓸려 늘 길을 잃고
그 빛 놓친 지 오래

박제된 시간들
아직도
한 가닥 당신의 사랑 있어
몇 번이고 한 방향으로
몸을 기울였다

그 빛 찾아
복종의 회초리로
십자가를 지는 또 하루

13월의 간이역쯤에서

붉은 신호등은 분명 거기 없었다

앞으로만 달릴 수 있는 시간 열차
13월의 간이역쯤에서
잠시 숨을 고른다

때론 천천히 혹은 숨 가쁘게
삶을 끌고 가는 생의 열차
다시 되돌릴 수는 더더욱 없다

푸르렀던 이마에
노을이 비낀다,

손에 들었던 그 많던 짐들
어느새 헐렁해졌다

아득하기만 했던 종착역

이제 뼈 마디마디에서
뚜 뚜 뚜
초겨울 마른 잎새들이 보내는
생의 '모스 부호

---

* 모스부호: 19세기 중엽 실용화된 장거리 전기통신 수단
　　　　긴급 구조 요청하는 세계 공통의 언어

복권 당

로또 복권 한장
혼자 웃으며
가볍게 집을 나선다

긴 꼬리 의연하게 줄 서
손에 쥔 복권
월 화 수 그리고 목 금
아직 시간은 남았지만
명당집
벌써부터 북적인다

코로나 여파로
옆집, 그 옆집 가게
문 닫아도
날로 성업 중인
복권 당

땀 흘리지 않은 돈
자기 것 아니라고

귀에 못 박히듯 하신
아버지 그 말씀 밀어내고

흥 돋우며 어젯밤
돼지꿈 복권가게 앞에서
춤을 춘다
둥실 덩실, 어허 둥실

덜 익은 사색의 시간

가슴 속 깊은 곳
그리움이 고일 땐
그냥 집 주위를 돈다
맨발의 긴 그림자 안고
서성인다

멍멍한 시간들
뜰채로도 걸리지 않는
사색을 건져내고 싶은 것이다

생각의 정점에서
새파랗게 떠오르는
그때의 언어들
그때의 눈빛들, 음성들
생생히 떠오른다

마음과 마음이 가 닿았던
무수한 그림의 알갱이
오늘

산 자와 죽은 자의 사이에서
깊게 흐르는
슬픔의 강물 소리 듣는다

삶의 행간에 끼어 든 말

창밖 나뭇잎이 갈색으로 떨어지고
하루의 낯빛은 더욱 푸르고 차다

점점 좁혀가는 공간 반경
굼떠지는 발걸음 애써 옮기며
부러지고 꺾였던 것들 달래보기도 한다

서툰 계산법, 손가락 열 개가 부족하다
눈을 껌뻑이며
먼저 간 이들의 얼굴도 떠올려본다

'어느새', '벌써 그렇게 됐어?'란
말들이 삶의 행간에 끼어든다

이곳과 저곳의 경계가 희미해지는
저녁 무렵
살점을 내주어 빚었던 것들
제자리 돌아가고
껍질만 남아 휘이휘이

떠나보내지 않아도
스스로 삭아진 시간들
아무리 불러도 메아리조차
잃은 것들을 위하여
지워져 간다

아버지의 안

시간을 비껴간 나뭇잎들
비명조차 지쳐
힘겹게 누웠다

평생 낯선 세상
더듬고 다녔을
가장의 무게
입안에선 늘 단내가 났다

때로는 자신의 전부를
포기하기도 하며
실핏줄 피붙이들의
입성 먹성을 손질하느라
퇴적으로 쌓인 멍울만
흔적으로 남았다

아직도 어딘가에
귀가하지 못한
해묵은 소망이

이따금 삐죽삐죽
풀잎처럼 솟기도 한다

저녁이 찾아온
LED전등 아래서
철 지난 독백이
적막을 쓰다듬으며
자꾸 주름진 눈가로
흘러내리고 있다

영등포역 1번, 2번 출구

어둑살 내리는
영등포역 1번, 2번 출구
제 집 찾아 빠르게
지나는 발걸음 소리 소리들

서로의 거리가 더 이상은
좁혀지지 않았다
저마다 들어가는
현관문이 다르기 때문이다

보초처럼 불 밝힌
역 앞 포장마차들
서로의 체취로
가슴 설운
사람들을 부른다

따끈한 우동 한 그릇
어묵 한 대접
몇 개의 꼬치가

겹겹의 속내를 발설 시킨다

끝내는 울음으로
눈물바람으로
신발을 끌며 들어가는
옥탑 방 외문 앞 고독

아버지의 몸에서
아버지가 빠져나가고 있다

절뚝인다
곧은 척추 잃었다
퇴행성관절염

고도를 기다리기
수십 년
어둠이 가실 때쯤이면
허리 굽혀
뼛속까지 스며든
흙냄새 맡던 아버지

이젠
빗소리도 달갑지 않다
논밭에 다 자란 자식들
그대로 혼자
클 수밖에는
안에서 안으로만 쌓여가는
무기력한 시간들

아버지의 몸에서
아버지가 빠져나가고 있다

곰삭히는 일

세상사
모두 그러려니
삭혀 보지만
한 구석
삭히지 못하는 일

잘 박힌 못처럼
박혀 있어
13월의 태양이 떠도
여전히
삭히고 삭히는 중

제3부

살다가 보면은

인연

잠시 스침의
인연이라지만
만날 때와 뒤돌아설 때
낯 붉히지 않는
그런 인연 만날 수 있다면

처음과 끝의
마음 깊이가
변하지 않는
그런 인연 만날 수 있다면

오늘 혹여
겉과 속의
색깔 다르지 않은
그런 인연 만날 수 있다면

또 하루
인연의 안색 살피는 중

함성의 노래

그대
저 함성 들리는가
산이 출렁인다
침묵의 숲에 갇힌
피울음의 함성함성
조상들이 물려준
무예의 도량
그것은 이 나라 지키는
목숨의 칼이었다

피 뿌린 산하
여기 구월산 뼈마디마디
맨발로 뛰노는 심장
오롯이 내 나라 내 겨레에
바치노라
굴곡진 역사의 피 흘림 속
어진 선조들이 지켜왔던 이 땅

한 핏줄 한 형제끼리

총부리 겨누며 피 뿌린
참으로 무참한 역사의 죗과요

오랜 낮과 밤을 새워가며
혼불로 토해낸
저 장한 함성

푸른 나뭇가지마다
구국의 깃발 걸어놓고
목숨 바쳐 외치던
불꽃같은 함성이여
소리쳐 조국을 부르노라

얼마나 긴 목마름이었나
아, 그러나 아직도
끝나지 않은 이 긴 비극
허리 잘린 내 땅
절반의 자유 절반의 평화
오늘도 소리 없는 하늘에
저민 슬픔 가득 고여 있다

오늘 내가

너와 나의
눈과 눈빛이
마음과 마음이
영혼과 영혼이
맞닿은 곳
오늘
거기 내가 있다

부활절 아침에

*파티블름과 **스타페스에
마지막 심장을 걸어놓고
그 위에 피 흘려
쓰러진 예수여

피 한 방울 남기지 않고
쏟은 저 생명은
죽어야 다시 살아나는
목숨, 목숨이었구나

진홍색 저 피의 꽃잎
시간과 공간을 넘어
살아있는
불멸의 사랑 꽃
한 생애 수고한
생의 무게를 올리는
부활절 아침의
봉헌 의식

---

* 파티블름: 십자가 세로 나무 이름
** 스타페스: 십자가 가로 나무 이름

봄꽃 한 잎

꽃샘추위 지나는 골목
지워지지 않는 지문
한 꼭지

간 밤
발갛게 신열로 돋더니
순한 속살로 피었습니다

사랑아

내 온몸에 퍼져있는
너에 대한 생각 하나
부질없는 그리움에
이 밤 하얗게 지새우네

여태껏 가져보지 못한
나 혼자만의 갈망아
나의 지울 수 없는
너를 향한 사랑아

내 영혼의 바다에
아직도 정박하지 못한
흔들리는 한 척의 배
아, 나의 사랑아
아. 나의 목멘 사랑아

살다가 보면은

살다가 보면은
괜한 말 주고받아
서로가 상처 만들고
속울음 삼킬 때가 있다

사랑하는 맘 간절하면서도
사랑하지 않는다고
빈 말을 할 때가 있다

돌아서지 않을 때에
돌아서 버리고
소용없는 눈물 흘릴 때가 있다

살다가 보면은
모든 것 다 떠난 후
혼자서 혼자서 울 때가 있다

저 멀리
교회 첨탑 바라보며

때 늦은 후회로
고백처럼 혼잣말 할 때가 있다

살다가 보면은

한 입 물고

계절이 지나는 골목
지워지지 않는 지문
한 꼭지

간 밤
발갛게 신열로 돋더니
순한 속살로
열매 하나 입에 물었습니다

그리움의 꽃

바람 되어 옵니다
하늘보다 먼 곳에서
슬픔을 밟으며
오는 너
그리움의 꽃

여름 숲에서의 노래

숲은 넓은 품이고
자애로운 긍휼
가슴 열고
더러는 노래 부르며
시를 읊는다

날마다
더 푸르러가는
7월의 하늘
이 한 철의 헌신
시와 음악으로 채운다

오늘 여기
곁에 흐르는 한강의 윤슬에
이마를 맞대고
더 뜨거운 노래
목청껏 부르는 시간

방금 태어난

저 눈부신 하늘의 빛
눈을 들어 바라보며
어딘가에 숨어 있을
시의 우물을 찾아 나선다

우리들의
아름다운 세상 만들기 위해
영등포 공원 숲의 그늘에서
서로의 붉은 심장으로
나무와 꽃 그리고 풀벌레들에게
진한 안부의 말 전한다

내 안에 나를 찾아서
— 일성여중고 제자들에게 바친다

지금까지
걷고 걸어서 온 길
참으로 고단했던
수많은 그날들

내가 알지 못했던
나에게서
너무 멀리 떨어진
너무 깊이 있어
찾지 못했던
내 안의 나

날아라 힘껏 솟아라
윤슬처럼 반짝이는
날갯짓으로
생의 낯선 시간 앞에서
가장 아름다운 날을 위해
뒤꿈치를 들어라

오롯이 배움의 터
이곳에서
키를 세운 그대들
저 푸른 나무들을 보라
자신의 짙푸른 그림자
드리우고 서 있는
나무들 보라

오늘 여기
세상에서 가장
아름다운 그대들
그대들만의 섬이 있다

어느 시인이 말했다
'이제 기 죽지 말고
맘껏 살아봐'
그렇지
하늘 높이 날개를 펴고
살아보라, 날아보라
내 안에 나를 찾아서

구월의 숲은

구월의 숲은
짙푸른 기운을 풀어
이별의 문장 몇 줄에
밑줄을 표시한다

가지마다 단단하게
무장해보지만
어느 틈에 빠져나간
성급한 열매 맺기
욕정을 이기지 못했다

어디쯤에서
몸을 내줬을까

부풀어 오르기 시작한
배가 이미 씨방을
열어 놓고 있었다

어스름과 어둠 사이

저편에서부터
비밀번호 하나씩
풀면서 젖 물릴 생각뿐

새떼들이 날기 시작했다

장미호수
― 세네갈에서

절망을 깨뜨리고 일어서는
레트바의 장미호수

가난의 아버지는
갈비뼈 마디마디
소금기 절은
황홀한 분홍빛 옷을
걸친다

며칠 전
몇 달러를 쥐어주지 못해
시집으로 들어가지 못하고
돌아온 배부른 딸

눈알이 빠알갛게 익도록
호숫물에 젖어도 결코 배부르지 않았다

살아남기 위해

하루 수백 킬로그램의 흰 소금을
건져 올려도 입술은 여전히
메말라 있었다
한 쪽으로 기울어가는 어깨를
몇 번이고 추스르면서
삶의 절벽을 기어오른다

시인의 길

구원의 여정

때로는 피가 마르는 어둔 밤을 맞는다

가끔은 깊이를 가늠할 수 없는 바닥으로 가라앉기도 한다

하지만 이 길 멈추지 않고 걸어가리라

새벽길에서 여린 시어의 입술을 가만히 엽니다

그녀의 기억

기억하기엔
참으로
난해한 언어들이다

켜켜이 쌓였던
시간의 무늬들
발굴되길 기다려 보지만
여의치 않다

그녀의 기억은
단기 건망증

추억의 조각들
퍼즐 게임 중

달빛 좋은 밤

세상에선
높은 곳 탐하지 않는
오직 한 곳을 향한 너
늘 푸른 빛 정갈함으로
시간 앞에서
몸을 낮춘다

달과 지구가
가장 가까운 날을 택해
한번쯤
아득한 고백을 한다

"그동안 그대를 갈망 했다오"

출렁이는 지구의 밤
통째로 물의 기울기가
내게로 쏟아지는
달빛 좋은 밤

제4부

블루스크린

눈꽃

결코
혼자서는 피지 못하는 꽃
눈 맞아 흰 살로 돋아난
눈부신 순백의 꽃

블루스크린

지구촌 구석구석
숨 멈춘 노동의 손들이
속살 벗겨진 채 울먹인다

거칠게 몰아쉬는
인간의 심층부까지 압박하는
인프라의 블루스크린

종국에
그들의 노예가 되어버리고
새카맣게 타 버린
지구의 껍질만 남아 있을지도

모두의 일상은
AI에 저당 잡혔다
꼼짝달싹도 못할 함정에
스스로 빠져
죽음을 맞을지도

문명이 만든
문명의 감옥
디지털 독재자의 압류
블루스크린

지금 지구는 불의 집

분노의 화신이다
금방이라도 세상 것
모두 집어 삼키려는
저 붉은 혀

언제 숨어들었는지
어둠을 타고 들어와
순식간에 시뻘건
울분 토해낸다

어느 것 하나
남김없이 태운다

저 주체할 수 없는 노여움
무엇 때문일까

세상을 움직이는 것이
AI라 했던가

끊임없이 기후 징조의
신호를 무시한 광분
이제 더 이상
늦출 수 없는
지구의 절망 기진함
지금
지구는 불의 집

마지막 의식

혜화동 로터리
숱하게 발걸음 했던
그 찻집
창가 두 번째 테이블
바깥 오래된 버즘나무 잎들
떨어져 채 마르기도 전
사방이 어둠으로 번진다

견뎌야할 시간과
견뎌온 날들
손가락 세가며 마시던
검갈색 커피 한 잔

그래 잊어버려야지

하지만 지워진 날의 시간은
다시 돌아오지 않을 것을 알면서도
간곡한 마음으로 되새김질 한다

기억 속 오래된

발자국 소리조차도 놓지 못하는
이 끈질긴 그리움이여

지상에서 치르는
죽음의 마지막 의식
"하관"
뒤뚱, 기우뚱
단번에 내리지 못하는
관의 기울기
질긴 인연의 끈이여

그 위로 붉은 흙들이 덮여지고
살아있는 자들의 무게로
단단히 봉해
다시는 이승을 엿보지 못하도록
모리스 부호를 보낸다

어렴풋한 슬픔의
젖은 영혼들 위로
조곤조곤 비 내리며
이별이란 단어의 옷을 입는다

정말 시간은 기다려 줄지도

십자가 끌고 가는
어깨 위로 채찍질 떨어지던
피 묻은 가죽 채

세상은 아프다
매번 곤두박질치는
삶의 절벽을 오르기엔
늘 힘이 부족하다

견뎌야 한다고
견디는 것만이
이기는 거라고
말은 하지만
아직도 옆구리는
상처진 채
흥건한 피 흘림

백 번이라도
천 번이라도

참아야 한다면
너에게도
나에게도
정말 시간은
기다려 줄지도 몰라

지금 바로
주님께 손 내밀 시간

다시 새살 돋는 새해 아침

묵은 날들의 살갗이 벗겨지고 있다
다시 새살 돋는 아침이다

무척이나 길고 아팠던
지난 한 해
지구촌 여기저기에선
불지옥 같은 지독한 화약 냄새
땅은 갈라지고 피 흘리며
목숨은 한낱 휴지처럼
공중을 날았다

이제
긴 어둠의 터널 빠져나와
붉은 햇덩이 솟아오르는
생명의 새해 앞에 섰다

우리들 절망의 영혼들
지상에서의 새로운 의식 앞에
머뭇거리며

서성이지 말고
새파랗게 돋아나는
오직 소망의 꽃
저마다 피울 수 있는
이 새해 아침 되기를

봄꽃은 피고

또다시 봄꽃들 피었다
기별도 없이 와서 피었다

여기저기서
새싹이, 새순이 그리고
금세 꽃을 피워내는
기막힌 자연의 섭리

여지없이 불어대는
꽃샘추위, 꽃샘바람
하지만 하나님의 때
정확하다
한 치의 오차도 없이
그분은 시간을 맞추신다

세상 모든 생명의 숨소리
저 봄꽃들의 환희에서부터
들려오고 있다

한 생에서 만나는
기쁨과 절망 그리고
눈물조차도
피어나는 꽃들의 무성함에는
누구도 어찌지 못한다
저 그리움까지도

출사표

내일의 평안을 위해
매일 저축한다
간혹은 기진한 무릎 통증으로
일어서기 힘들 때도
더러는 호흡이 가빠
숨을 몰아 쉴 때도
평안, 평온, 안위를 위해

그러나 인생은 자꾸
제멋대로 방향을 틀고
제멋대로 채워진 잔을
기울여 쏟아내는 것은
무슨 연유일까

절반의 반은 위선으로
절반의 반은 헛웃음으로
그 남은 육은 허울 좋은 진심
빈 입술을 열어놓고 있다

아, 허허로운 인생이여
어쩌자고 자꾸
간절한 두 손을
새벽 제단에 올리는가

아직 남아있는 날들이
자꾸 출사표를 던져주며
유혹의 손짓을 한다
말도 안 되는 진정이란 변명으로

간곡한 홀로의 영혼이여

푸른 빛 유월 그 강가에서

슬픔 괸 이별의 손짓

한때 우린 뗄 수 없는 우정으로
푸른빛 유월 그 강가에서
오랫동안 서로의 그림자가
어둠에 지워질 때까지
놓지 못했던 손과 손
그리고 가슴 안 뜨거움이었지

반세기 지난 지금
노을 끝에 서서 또렷하게
기억되는 그녀의 그 한마디 말
"꼭 성공해서 너를 부를게 기다려"

괜한 다짐이 되어버린 빈 약속
몸 약한 그녀는 끝내 폐렴으로
다시 고국에 돌아오지 못했다
모두가 허사가 되어버린 여기
생목의 잎들만 무성한
7월의 나뭇잎들의 파장 앞에서
통째로 삼키는 그리움의 넋

그리움의 낯빛

지루한 목숨
마주보고 서 있는 나무의 발목
그 혈관 속에 내가 흐르고 있다

시간의 층계마다
더욱 애매해지는
슬픈 허기
설핏 스쳐간 산그늘

수십 번의 계절이
지나도 지울 수 없는
단단한 너와의 약속은

지금도 유효하다
하지만 너의 이름
부를 수 없는 이 통증

목 세우고 멀리
빈 하늘 바라보는
이승에서의 허무
입이 마르다

잃은 길 찾기

누군가의 마지막 잎새들
오가는 계절 사이로
산딸나무 붉다

몰려다니는 바람이
초록을 버린 이파리들
곁을 돌며
오래전 잃어버린
길을 찾고 있다

어둠과 함께 오는
적요의 시간
마른 뼈마디마디를 붙들고
허기진 목숨을 더듬는다

엊그제가 한여름이더니
찬바람 이마를 스치고
얇은 입성의 허리를 휘감는다

그동안 서로를 놓친
잎사귀들은 끝까지 버틸
방안을 고민해보지만
이미 떠난 것들을
되돌릴 수는 없다

후미진 공원 등 낮은
언덕을 넘어
저녁 잠자리를 구하는
노숙의 허한 옷가지가
팔랑거리고 있다

목숨의 약정서

햇살이 반짝인다
마지막 노목에 붙은 채
그물 옷 벗어놓고
매미가족
목숨을 내걸었다

다시 오기로 한
약정서 하나 믿고
떠났던 생명들
7년이 돼서야 돌아왔다
그러나 그것도 순간
일주일 세상살이

부활 첫날의
기억을 떠올려본다
칠월 열이틀쯤인가
신 새벽부터
여기저기서
몸값 하느라

집집마다
창문 열기 기다려
목청껏 외쳤다
부활의 기쁜 소식이라고
하지만 노래도 한 철

지금도
땅속 어딘가에서
칠년을 앓고 있을
생명들
오늘따라
내 목숨의 약정서
생각해 본다

그때의 노트

책상머리에 앉았다

지난 시간 거꾸로 셈해 보았다

꽃처럼 아름다웠던 시절

새벽에 맺혔던 이슬처럼

사라져간 먼먼 추억

바람무늬로 스쳐간

열여섯쯤의 입맞춤

똑똑히 꽃의 화석이 되었다

여의 샛강에는

태생은 너의 섬

여린 물길 사이로

물새들의 자맥질

제 몸에 갇혀있는 여의 못

이때쯤이면
물소리도 제법 자라
가끔은 큰 소리로
폭포의 흉내를 내는가하면
어린 살붙이들을 어르기도 한다
더부살이로 목숨 이어가는
잉어, 수달, 버들치 어느새
어른의 몸집만큼 자랐다

샛강은
나무 꽃 풀 그리고
이름조차 모르는 생명들의 심장이다

아득한 시간에서

절망을 와르르 쏟으며
그 품안에 든다

동정녀 마리아의 눈빛인 듯
자애의 바다

세상의 고통 외로움
이생의 슬픔 모두 지운
이슬 같은 영롱함이여

그득하게 차올라
내 살 속을 뚫고 나온 빛

삶의 언저리마다
찢겨진 통증의 무게

거기
내 피 내 뼈 내 생을
키운 말씀 하나

바다 노을에
몸 기울여
저리 뜨거운 목숨들
풀어 놓는다

생각의 강물 따라
만나는 회귀

인생은 멈추지 말고
걸어야 만 한다
옷섶 풀어
아득한 시간 위에서
입술 다문 말들이
지그시 입을 연다
생의 정점에서

거기 그곳엔

선덕여왕의 옷자락이 찰랑인다
영취산 정기 다시 일어서는
목숨, 목숨의 행렬

산들이 침묵 속에
용틀임하는 구국의 마그마

한 나라를 우뚝 서게 하는
목숨의 터

거긴 온전한 법고의 울림
자유와 평화의 합장

이 시대를 타이르는
정의의 사신 그리고 불꽃
바람 맑은 영혼의 길 열려있다

어둠이 물러가고
푸르고 푸른 이곳

지귀의 사랑이
아직도 불타오르고 있다

이곳은
이 나라 질곡의 역사 터전
아찔한 성역
그대는 이 아침
새벽을 깨우는
장엄한 구국의 파수꾼

천년 다시 그 위에 천년
꺼지지 않는 신라의 숨소리
오래 머물러 목청껏 부르는 노래

발문

| 발문 |

청년의 마음으로 시의 바다에서 노래하는 시인
— 홍금자 시집 《키오스크에 시간을 올리다》

김선주
(소설가 · 한국소설가협회 최고위원)

문단에서 항상 먼발치로 바라만 보던 홍금자 시인을 좀 더 가깝게 알게 된 것은 내가 여성문학인회 이사장 때, 편집위원으로 만나게 되면서부터였다. 그때, 좀 더 차원 높은 여성 문학지를 만들고 싶은 욕망으로 모시게 된 분이 홍금자 시인이었다. 홍금자 시인과 함께 일하면서 알면 알수록 천부적으로 타고난 시인이라는 생각이 들었다. 항상 미소를 머금고 모임의 분위기를 화기애애하게 만들고 있는 밝고 따뜻한 모습이 그랬고, 더없이 정확하고 예리하게 일을 처리하는 능력이 그랬고, 소박하고 서정적이고 깊으면서도 지극히 감성적인 시가 그랬고, 무엇보다도 대중들의 심금을 울리며 시를 낭송하는 매력적이고 감동적인 시낭송이 그랬다.

홍금자 시인은 문인이라면 반드시 갖추어야 할 진술하고 학구적이고 정직한 자세로 가슴 속 깊이 숨어있는 인간의 감성을 발굴해 내며 끝없이 노력하는 시인이다. 그녀는 잠시도 쉬지 않고, 시를 쓰고, 시 낭송을 하고, 시집 이론서를 집필하고, 문단의 중요 자리에서 필요한 일들을 하고, 후진들을 위해서 시를 가르친다. 그의 경력은 더없이 다양하고 화려해서 그가 얼마나 열정적이고 부지런한 시인인가를 말해주고 있다.

이번에 상재하는 《키오스크에 시간을 올리다》는 홍금자 시인이 세상 밖으로 내놓은 16번째 시집이다.

1987년 〈예술계〉에서 시 〈유월의 하늘〉 〈길〉 〈여름 바다〉로 신인상을 받으며 등단한 이래 시집 열다섯 권, 시선집 다섯 권을 발간했다. 바쁜 일상 중에서도 기본 으뜸으로는 오로지 시에 천착했으니, 매사에 성실하고 최선을 다 하는 홍금자 시인에게 박수를 보내지 않을 수 없다.

키오스크는 최근에 이르러서 우리 사회에 급격히 보급된 비대면으로 목적을 달성하는 자동화된 기기이다. 우리는 이 기기를 통해 인간관계를 효율적으로 축소하고 시간을 절약하는 편리함을 얻게 된다. 그런데 이 편리함과 정확성으로 우리는 과연 어떤 시간의 소중함에 도달하게 되는 것인가. 오히려 기계에 통제되고 조정됨으로써 우리들의 따뜻하고 인간적인 감각이 멀어지고 삭막해지는 것이 아닐까 하는 우려가 생기지 않을 수 없다.

그런 의미에서 〈키오스크에 시간을 올리다〉는 제목부터가 파격적이고 새로워서 강한 호기심을 자아내게 한다. 또한 시대의

흐름에 앞장서서 날카로운 시선을 던지며 우리들의 가슴 깊숙이 숨어있는 문제들을 제시하는 듯하다. 또한 항상 쉬지 않고 시를 쓰는 부지런함에서 홍금자 시인의 타오르는 열정을 느끼며 언제나 촉각을 곤두세우고 팔팔하게 깨어있는 시인임을 감지한다.

《젊은 베르테르의 슬픔》의 작가인 독일의 대문호 괴테의 명언이 문득 떠오른다. '무언가 큰일을 성취하려고 한다면 나이를 먹어도 청년이 되지 않으면 안 된다.'

홍금자 시인은 세월이 아무리 덧없이 흘러가도 언제나 청년의 마음으로 시의 세계에 도전하며 심취하는 시인임에 틀림이 없다.

홍금자 시인이여! 앞으로도 한없이 아득하고 영원한 시의 바다에서 언제까지나 청년의 마음으로 노래하며 춤추시기를…

《키오스크에 시간을 올리다》 발간을 축하합니다.

| 발문 |

긍정의 파워우먼
― 그녀의 열여섯 번째 시집을 위하여

전길자
(시인)

홍금자 시인은
한 마디로 긍정의 파워우먼입니다.
무슨 일이든 그녀 앞에 닿으면
유연하게 해결하는 시인입니다.
모두가 안 된다고 생각할 때
그는 된다고 믿고 해결의 길을 엽니다.

홍금자 시인은
오직 문학을 위하여 살아왔고
앞으로도 끝없는 열정으로 헌신하리라 믿습니다.

친구 홍금자 시인의 16번째 시집 상재에 박수를 보냅니다.

| 발문 |

항상 그 자리에 계셔주세요

마정임
(시인)

 선생님을 만난 건 생각지도 못했던 인연으로 시 창작 교실의 문을 두드렸던 23년 봄이었다. 나는 선생님을 뵙고 3번 놀랐다. 너무 젊고, 우아하고, 화려한 경력에···.

 2024년 청량한 가을 다시 16번째 시집 상재에 큰 박수를 올립니다.

 선생님은 이루어질 수 없는 첫사랑처럼 오랫동안 간직해 두었던 나의 습작품들을 끄집어낼 수 있는 용기를 주시고 등단을 도와주셨다. 늦깎이 시인의 길을 걷게 된 것은 내 인생의 터닝포인트가 되었다.
 선생님과 함께한 시간 속에서 어머니 같은 자상함과 때론 친구 같기도 한 유쾌함으로 친밀감을 느껴왔는데 막상 선생님에 대한 글을 쓰려니 큰 산으로 다가온다.

　선생님은 시력 40년에 많은 작품을 쓰시면서 30년 이상을 시낭송의 새로운 분야를 개척하셨다. 그 후 시인, 시낭송가 제자를 수없이 키워내셨고 여전히 현역이시다. 선생님께서는 시를 잘 쓰는 것도 중요하지만 끝까지 시의 끈을 놓지 않고 오래오래 가야 한다고 말씀하신다. 또한 시인이 갖추어야 할 인격, 덕목, 내적성숙에 대해서도 자주 일깨워 주신다. 깊은 관계 속의 연민에서 오는 인간적 모성으로 제자들을 지도하시는 선생님을 많은 제자가 따르는 이유일 것이다.

　매일 새벽기도를 드리는 깊은 신심에서 나온 절제된 생활, 철저한 자기관리로 매일 새롭게 태어나 항상 새로운 모습으로 제자들 앞에 서시는 선생님, 존경합니다.

　선생님의 많은 시 중에서 내가 자주 흥얼거리는 시 한 편

　　평생 시를 깔고 누워 있는 병
　　바람불면 바람맞으러
　　꽃 피면 꽃 만나러

　　강물이 풀리고

녹색빛 나무들이 팔랑이면
그 그늘에 눕는 고질병

아직 병명이 없는 병 하나

— 〈병명 없는 병 하나〉 전문

이 고질병(?) 앓으며 40여 년 열정적으로 시를 써오신 선생님 닮고 싶어 나도 그 병 앓으며 살리라

다시 새로운 날개를 펴시는 선생님 축하드리며 응원합니다. 화이팅!!

홍금자 작가연보

홍금자 작가연보

1944년 2월 19일
경기도 수원시 서둔동에서 부친 홍석남, 모친 김우순 님의 칠 남매 중
장녀로 출생
수원 매산초등학교와 수원여자중학교 졸업
서울로 올라와 수도여자사범대학교 국어국문학과 졸업
원주 성화여고에서 교편 일년을 마친 후,
서울에서 고등학교 교편생활

1969년 11월 16일
이경배(강서구 · 마포구청장 역임)와 결혼
아들 응준, 딸 경훈남매를 둠
십여 년의 교편생활을 접고 시를 쓰기 시작

1987년
- 한국예술총연합회 기관지 《예술계》에 시 〈유월의 하늘〉〈길〉〈여름바다〉가 황금찬, 김혜숙 시인의 심사로 신인상을 받으며 등단
- '생활동인회', '문촌동인회'와 '예술시대' 동인에 참여
- 첫시집 《창가에 심는 그리움의 나무》 출간

1992년
- 한국문인협회 해외세미나에 참석
- 러시아 및 카자흐스탄 알마타에서 한국대표로 시낭송
- 《너는 바다 크기로 내 안에 들어와》 시집 출간
- 《하늘에 걸린 정원》 황금찬·홍금자 2인 시집 출간
- 〈윤동주문학상〉 수상

1993년
- 문예지 《시마을》 편집장을 맡아 창간호를 발간
- 시마을시낭송회 발족
- '한강맑히기선상' 환경행사 시낭송(예술시대 주최)
- 제1회 삼개(마포)시낭송회 개최(시마을, 마포문화원 공동주최)

1994년
- 세종문화회관 개관기념 시화전 기획전시
  (박두진, 황금찬, 조병화, 홍금자 외 41명)

1995년
- '예술계' 회장에 선임되어 '물사랑하기'
- 예술 한마당 기획공연(세종문화회관 분수대 앞)

- 《너는 바라보는 것만으로도 기쁨인 날》(시선) 출간

1996년
- '시마을문학회' 대표로 선임
- 문학의 해 기념 문인극 〈어미새 둥지에서 새끼들 날려보내다〉 공연(작품: 이근삼, 연출: 차범석)
 — 주최: 96문학의해 조직위원회, 주관: 한국희곡작가협회
 — 후원: 문화체육부, 한국문화예술진흥원
 — 일시: 1996년 12월 12일~15일
 — 장소: 문예회관대극장
 — 특별출연: 황금찬, 조경희
 — 출연: 유현종, 김국태, 김지향, 박정희, 윤강로, 김이연, 이광복, 강난경, 오정인, 홍금자, 박공서, 고성의, 서근희, 김완수, 이승철, 김종제

1997년
- 《그대 따라 나서는 길》 시집 출간

1999년
- 문인극 〈양반전〉 출연
 — 원작: 박지원, 각색: 유현종, 연출: 김국태, 유현종
 — 일시: 1999년 4월 2일~3일
 — 장소: 문예회관대극장
 — 출연: 황금찬(양반부), 김국태(양반), 문정희(기생춘정), 하지찬(천가), 홍금자(천가처), 김종해(박진사), 박정희(박진사처), 이근배(박달), 조경희(고모)

2000년
- '제1회청각장애우를 위한 시와 음악 축제' 개최
  - 한국자막방송과 시마을문학회가 공동개최(정동극장)
- 《어머니 찾아가기》(김수환 추기경 외 공저)출간

2001년
- '제2회장애우를 위한 시와 음악 축제' 개최
- 새천년한국문학상 수상
- 《목마른 나무가 되어》시집 출간

2002년
- '제3회 장애우를 위한 시와 음악 축제' 개최
- '아시아시인대회' 참가 (중국시안)
  - 성찬경, 이근배, 유안진, 신달자, 김정인, 홍금자 등
- 《새벽강 저쪽》(시선)시집 출간

2003년
- 제4회 장애우를 위한 시와 음악 축제 및 우리시 사랑하기' 개최 (잠실운동장 축시 낭송)
- 마포문화원 특별초청 홍금자 시인 시낭송회 개최
  - 일시: 2003년 8월 18일 (월) 오후3시
  - 장소: 마포아트홀 3층 공연장

2004년
- 좋은시 우리 노래 창작가곡의 밤 개최
  - 일시: 2004년 6월 3일

— 장소: 이원문화센타
• 제1회 마포구문화상 수상

2005년
• 《고삐 풀린 시간들》 시집 출간

2006년
• 교성곡 한강환타지 한국초연-서울 그랜드앙상블 창단 공연 때 연주
  — 교성곡: 한강환상곡(서사시-홍금자, 작곡-이동훈)
  — 지휘: 최선용
  — 연주: 서울 그랜드앙상블, 서울심포니오케스트라
  — 일시: 2006년 12월 2일 오후2시
  — 장소: 예술의전당 콘서트홀
• 울림예술대상 수상
  — 주최: 한우리오페라단, 한겨레신문사, 서울심포니오케스트라
  — 후원: 서울특별시, 한국문화예술위원회
• 문인극〈맹진사댁 경사〉출연
  — 원작: 오영진, 연출: 강대홍, 기획: 전옥주
  — 출연: 김경식, 김규은, 김유선, 김홍우, 박미경, 박순녀, 박정기, 박정희, 성춘복, 유자효, 이근배, 이길원, 정승재, 조병무, 지연희, 최금녀, 홍금자, 황금찬
  — 일시: 2006년 9월 29~30일
  — 장소: 문학의집 서울

2007년
• 호국보훈의달, 육군군악연주회에서

- 가곡: 〈그날이여〉(시: 홍금자, 작곡: 이안삼) 연주
- 일시: 2007년 6월 14일 (목) 19시30분 -장소: 서울KBS홀(여의도)
- 《신동아》 6월호 '홍금자 시인인물' 특집 게재
- 영등포구 주최 '서울가곡제' 운영위원 선임
- 《문학의 풍경화》 출간
- 《사랑은 시가 되었다》(공저) 출간

2008년
- 제1회 창작 시가곡의 밤 개최
  - 일시: 2008년 6월 9일 오후7시
  - 장소: 문학의집 서울
  (시인: 황금찬, 허영자, 김후란, 신달자, 오세영, 최문자, 문효치, 전길자, 김세영, 이희자, 이채민, 김형수, 이오례, 홍일중, 홍금자)
  (작곡자: 최영섭, 임긍수, 이안삼, 김효근, 정희치, 박경규 외)
- 동아일보와 조선일보 관련기사 게재
- 대한민국 가곡제에서 시 〈푸른봄날엔〉이 대상 수상
  (시: 홍금자, 작곡: 이일찬)
- 대한민국 지역문학전국시·도 문학인교류대회에서 대회
- 축시〈빛고을에서 펼치는 문학메카의 무도회〉낭송
- 《잎새바람》 시집 출간
- 《나는 누구인가》(공저) 출간

2009년
- 서울시 주최 김기림 시〈길〉낭송(시청광장)
- 제2회 '서울가곡제' 개최
  - 일시: 2009년 9월 29일 (화) 오후7시30분
  - 장소: 영등포아트홀

- 시인: (고)박두진, 김남조, 허영자, 유안진, 오세영, (고)이은상, (고)이수인, 김년균, 문효치, 홍일중, 김형수, 이기철, 조영식, 송길자, (고)김유선, 김효근, 전경애, 홍금자
- 성악가: 김영은, 강혜정, 송기창, 조정순, 김남두, 이현정, 이재욱, 장유상, 김향란, 김학남
• 순수문학 대상 수상

2010년
• 《지상의 노래》 영역시집 출간

2011년
• 제1회 '시와음악이 있는 풍경' 시낭송회 개최
  - 일시: 2011년 4월 9일~30일 (매주토) 오후5시
  - 장소: 교보문고 광화문점 선큰광장
  - 시인: 황금찬, 유안진, 문효치, 전길자, 이채민, 이애진, 김수희, 김경옥, 최애자, 이현진, 박은실, 김정래, 김수희, 이오례, 강흠경, 노희정, 황창순, 정순임, 박해자, 정해원, 전명숙, 임상섭, 윤수아, 최영희, 김문중, 김현재, 이희자, 이동훈, 전재섭, 최경숙, 김정래, 이송자, 이윤주, 김말희, 홍금자
  - 음악가: 위호선, 정창식, 박현진, 김부녀, 문희주, 김성은, 김상복
• 11월 2일~11월 4일 영등포구 문화사절단으로 일본 기시와다시방문
• 일역 시집 《고도를 기다리며》 출간
• 제1회 전국지역신문협회문화예술대상 수상

2012년
- 구상문학상 운영위원 선임
- 제78차 국제PEN대회 시낭송(경주금장대)

2013년
- 러시아 문학세미나 참석
- 한국문협 서울지회 이사
- (사)한국문인협회평생교육원위원장 및 초대시낭송 교수 선임
- 한국기독교문학상 수상
- 한국문인협회월간문학상 수상
- 《언어를 모종하다》 시집 출간
- 《시낭송의 즐거움》 출간

2014년
- 제7회 '서울문화의날' 기념 시낭송(서울시청 광장)
- 《그리움의 나무로》 활판시집출간

2015년
- 《시낭송 어떻게 할 것인가》 출간

2016년
- 황금찬 시인의 문학적 업적을 기리기 위해 제1회 황금찬전국시낭송 대회개최
  - 일시: 2016년 5월 28일
  - 장소: 예술가의 집
- 세계한글작가대회 시낭송과 가곡의 밤에 시극 〈선덕여왕과 지귀

의 사랑) 기획연출(출연: 홍금자, 장충열, 홍성훈, 김철기, 오현정)
- 《시간, 그어릿광대》 시집출간

2017년
- 제2회 황금찬 전국시낭송대회 개최
  - 일시: 2017년 6월 17일
  - 장소: 예술가의 집
- 영등포 국회의사당 동편무대에서 홍금자 시인 북콘서트 개최
- 제1회 영등포문학상 수상

2018년
- 영등포문인협회 회장 선임
- 한국문인협회 주최 문예지콘테스트에서 《영등포문학》 우수상 수상
- 시마을 시낭송회 주최로 영등포 교보문고 '티움'홀에서 한 달 동안 매주(토)시낭송회 개최
  - 시인: 허영자, 신달자, 전길자, 박영희, 이애진, 최영희, 이정현, 이오례, 황창순, 이임진, 김옥춘, 이순례, 김춘자, 정태순, 이정희, 이상임, 양송임, 홍금자
- 영등포구민과 함께 하는 '문학 2018 시와 노래' 개최
  - 일시: 2018년 10월 22일 (월) 15시30분
  - 장소: 영등포아트홀 2층
- 영등포구 후원으로 '문학의 즐거움' 문학강의
  - 일시: 2018년 2월 5일~2월 16일
  - 장소: 영등포구청 별관 제2평생학습센타

2019년
- 영등포구민과 함께 하는 '문학2019 시와 노래' 개최
  - 일시: 2019년 10월 10일 (목) 15시
  - 장소: 영등포아트홀2층
- 문학의집 서울 합창단창단기념공연(2019년12월20일)
- 국제PEN한국본부 펜문학상 수상
- 국제PEN한국본부 공로상 수상
- 《외줄 타는 어름사니》 시집출간

2021년
- 《창조문예》 7월호 특집 '홍금자 작가연구' 게재
  - 대표작 10편(시), 연보, 나의 문학 나의 신앙, 홍금자 작품론 (박이도, 조병무 시인 작품평)
- 시인만세 인터뷰(문학아카데미) '홍금자 시낭송교실'(대담-이정현 시인)

2023년
- 《풍경이 지워지는 저녁이면》 시집 출간
- 《지상에는 시가 있었네》 시집 출간

2024년
- 《지구도 기척을 한다》 시선집 출간
- 《키오스크에 시간을 올리다》 시집 출간

〈2024년 주요 약력〉
* 경기도 수원 출생
* 수도여자사범대학교 국어국문학과 졸업
* 고등학교 교사 역임
* 1982년 한국여성문학인회 주최 전국백일장에서 시 '거울' 당선. 생활동인, 문촌동인 활동
* 1987년 〈예술계〉 시 신인상 수상 등단
* (사)한국여성문학인회(입회 1992년, 간사활동 2000년~2023년까지 이사 역임)
* 국제PEN한국본부 이사, 한국기독교문협 이사, 한국시인협회 상임위원, 영등포문협 고문, 일성여중고 문예반 강사
  마포문화원 전문위원, 영등포문화학교 시낭송 강사 현재 활동 중
* 시집, 이론서: '지상에는 시가 있었네', '시낭송 어떻게 할 것인가' 등 17권
* 수상: 윤동주문학상, 한국기독교문학상, 월간문학상, 펜문학상,
       삼봉문학상 등 다수
* 가곡시: 30여 곡

시집
《창가에 심는 그리움의 나무》 (1987 둥지)
《너는 바다 크기로 내 안에 들어와》 (1992 혜화당)
《하늘에 걸린 정원》 (1992 황금찬, 홍금자 2인 시집 혜화당)
《너를 바라보는 것만으로도 기쁜인 날》 (시선1995 청학)
《그대 따라 나서는길》 (1997 둥지)
《목마른 나무가 되어》 (2001 토우)
《새벽강 저쪽》 (시선 2002 모아드림)
《유년의 우물》 (2002 마을)

《우수날의 강변》(2005 모아드림)
《고삐 풀린 시간들》(2005 순수)
《잎새바람》(2008 연인)
《지상의 노래》(영역시집 2010 순수)
《고도를 기다리며》(일역시집 2011 순수)
《언어를 모종하다》(시선 2013 등대지기)
《그리움의 나무로》(활판시선집 2014 시월)
《시간, 그 어릿광대》(2016 미네르바)
《외줄 타는 어름사니》(2019 신아)
《풍경이 지워지는 저녁이면》(2023 계간문예)
《지상에는 시가 있었네》(2023 계간문예)
《지구도 기척을 한다》(시선집 2024 계간문예)
《키오스크에 시간을 올리다》(2024 계간문예)

수필, 시, 이론서
《문학의 풍경화》(홍금자 2007)
《시낭송의 즐거움》(홍금자 2013)
《시낭송 어떻게 할 것인가》(홍금자 2015)
《어머니 찾아가기》(김수환 외 공저 2000)
《시의 이슬은 이 아침에도》(허영자 외 공저 2004)
《나에게 문학은 무엇인가》(황금찬 외 공저 2007)
《나는 누구인가》(김남조 외 공저 2008)
《사랑은 시가 되었다》(신경림 외 공저 2007)
《간이역 간다》(이건청 외 공저 2011)
《시로 쓴 유언》(나태주 외 공저 2008)
《천관산 문학공원시비 시집》(2002)

《계명성 시비공원 시집》(문병란 외 공저 2007)

수상
윤동주문학상(1992)
새천년한국문학상(2001)
마포구 제1회 문화상(2004)
울림예술대상(2006)
순수문학대상(2009)
제1회 전국지역신문협회문화예술대상(2011)
한국기독교문학상(2013)
한국문협 월간문학상(2013)
제1회 영등포문학상(2017)
국제PEN한국본부 펜문학상(2019)
삼봉문학상(2024)

가곡시
〈천년의 그리움〉 (김규대 곡)
〈한강 환상곡〉 (이동훈 곡)
〈그날이여 〉(이안삼 곡)
〈오월의 향기〉 (이재석 곡)
〈잎새바람〉 (이안삼 곡)
〈상사화〉 (이연승 곡)
〈잊지 못하는 까닭〉 (정애련 곡)
〈푸른 봄날엔〉 (이일찬 곡)
〈빈자리〉 (진규영 곡)

〈선유도 이야기〉 (김경자 곡)
〈사랑은〉 (이안삼 곡)
〈그리움 하나〉 (신귀복 곡)
〈한강〉 (최현석 곡)
〈제주 풍경〉 (최영섭 곡)
〈양원초등학교 교가〉 (최영섭 곡)
〈사랑의 나무〉 (임긍수 곡)
〈그 사랑 앞에서〉 (허방자 곡)

계간문예시인선 **209**

홍금자 시집 _ 키오스크에 시간을 올리다

초판 인쇄 2024년 10월 21일
초판 발행 2024년 10월 25일

지 은 이   홍금자
회　 장   서정환
발 행 인   정종명
편집주간   차윤옥

펴 낸 곳   도서출판 **계간문예**
주　 소   03132 서울 종로구 삼일대로 30길 21 종로오피스텔 1209호
전　 화   (02) 3675-5633 팩스 (02) 766-4052
이 메 일   munin5633@naver.com
홈페이지   http://cafe.daum.net/quarterly2015
등　 록   2005년 3월 9일 제300-2005-34호
연 락 처   03132 서울 종로구 삼일대로 32길 36 운현신화타워 305호
인　 쇄   54991 전북 전주시 완산구 공북1길 16, 신아출판사
ISBN 978-89-6554-305-3 04810
ISBN 978-89-6554-118-9 (세트)

값 12,000원

잘못 만든 책은 바꾸어 드립니다.
저자와 협의하여 인지를 생략합니다.